AF221506

Bibliografische Information
der Deutschen Nationalbibliothek:
Die Deutsche Nationalbibliothek verzeichnet diese
Publikation in der Deutschen Nationalbibliografie;
detaillierte bibliografische Daten sind im Internet über
dnb.dnb.de abrufbar.

Coverdesign: Martina Sylvia Khamphasith
Coverbild: www.pixabay.de
Herstellung und Verlag:
BoD – Books on Demand, Norderstedt
Vertrieb: Stefan Wolfschütz – www.haiku24.de
ISBN: 978-3-752-868-27-2

David G. Lanoue

Ein Gefühl von Neugierde

101 Haiku

Aus dem Amerikanischen von
Martina Sylvia Khamphasith

Inhalt

Vorwort

Ich schreibe Haiku mit einem Gefühl der Neugierde. Nicht so sehr mit einer bestimmten Bedeutung im Hinterkopf. Es ist eher so, dass ich Haiku mit dem Wunsch schreibe, herauszufinden, was sie bedeuten könnten.

Nachdem sie geschrieben sind – lange Zeit danach – geht dieser Entdeckungsprozess weiter. Mit der Zeit finde ich dann immer deutlicher heraus, ob das Haiku gelungen ist oder nicht.

Als meine geduldige und aufmerksame Übersetzerin Martina Khamphasith mich nach der Bedeutung dieses oder jenes Gedichts gefragt hat, gab ich ihr voller Überzeugung eine Antwort, die auf jahrelange Überlegungen zurückzuführen ist. Im Moment des Schreibens jedes Gedichts war meine Vorstellung von dessen Bedeutung bestenfalls verschwommen.

Ein Haiku muss einem ans Herz wachsen, um sich zu offenbaren. Ein Haiku ist wie eine Geliebte.

Mit Freude überreiche ich diese Sammlung von 101 einen Atemzug langen Gedichten anlässlich des 30. Jahrestages der Deutschen Haiku-Gesellschaft (1988–2018).

Ich hoffe, dass meine deutschen Haiku-Freundinnen und Haiku-Freunde auf diesen Seiten Freude und Anregung finden.

Mögen meine Verse Neugierde wecken.

David G. Lanoue
Ex-Präsident der Haiku Society of America
und Freund der deutschen Dichter

on a sign
pointing two ways
butterfly

auf einem Schild
zwei Wege anzeigend
ein Schmetterling

dragonfly's warm-up stretch
tail up
tail down

die Aufwärmübung der Libelle
Schwanz rauf
Schwanz runter

no direction is wrong
arms
of the oak

keine Richtung ist falsch
Arme
der Eiche

she's naked in the hallway
I put on
my glasses

sie ist nackend im Flur
ich setze
meine Brille auf

foggy campus
the student I failed
walks away

nebliger Campus
der Student, den ich verpasst habe,
geht davon

mirrors, mirrors
drinking
with my bald spot

Spiegelwand
ich trinke
mit meiner Glatze

the cold front reaches
the Deep South
nipple by nipple

die Kaltfront erreicht
den Tiefen Süden
Nippel für Nippel

a „Lost Dog" sign
nailed deep
into the oak

ein Schild „Hund vermisst"
tief genagelt
in die Eiche

old stone bridge
whether I cross it
or not

alte Steinbrücke
gehe ich hinüber
oder nicht

the woman
in the window seat closes
the clouds

die Frau
am Fensterplatz schließt
die Wolken

the old priest dines
his wine
just wine

der alte Priester diniert
sein Wein
nur Wein

scratching the snowy
surface of things
mouse

kratzt an der verschneiten
Oberfläche der Dinge
Maus

trumpeting the dawn
first
fart

verkündet den Morgen
zuerst
Furz

one star over the airport
another Beatle
has died

ein Stern über dem Flugplatz
ein weiterer Beatle
ist gestorben

someone else
couldn't sleep, the warm
toilet seat

noch jemand
konnte nicht schlafen, der warme
Toilettensitz

exchanging phone numbers
fluids
later

Telefonnummern austauschen
Flüssigkeiten
später

sculpture garden
Hercules' penis
wins

Skulpturengarten
Herkules' Penis
gewinnt

after her suicide
we learn
her name

nach ihrem Selbstmord
erfahren wir
ihren Namen

blind man in the strip club
she holds
his hand

blinder Mann im Stripper-Klub
sie hält
seine Hand

four little boys in the fountain
two of them
real

vier kleine Jungen am Springbrunnen
zwei von ihnen
echt

almost a nudist
his newspaper
hat

fast ein Nudist
aus Zeitungspapier
sein Hut

yoga class over
a collective „Om"
of relief

Yoga-Training beendet
ein gemeinsames „Om"
der Erleichterung

our escort
through the ruined garden
dragonfly

unsere Begleiterin
durch den zerstörten Garten
eine Libelle

hot springs tour
he points at points
in the fog

Tour durch heiße Quellen
er zeigt auf Punkte
im Nebel

bobbing along
in the wind
the balloon penis

fliegt auf und ab
im Wind
der Penis-Ballon

balcony view
the blonde's black
secret

Balkonblick
das schwarze Geheimnis
der Blonden

lonely with his cloud
saint
on a spire

allein mit seiner Wolke
der Heilige
auf der Turmspitze

hammering
the sunset down
roofer

hämmert
den Sonnenuntergang nieder
Dachdecker

ten seconds
after the alarm clock
thunder

zehn Sekunden
nach dem Wecker
Donner

not lonely
but alone, the moonlit
goldfish

nicht einsam
aber allein, der mondbeschienene
Goldfisch

crying tears
of pigeon shit
the bronze king

weint Tränen
aus Taubenkacke
der Bronzekönig

the history of the morning
stamped
in snow

die Geschichte des Morgens
eingestampft
im Schnee

she adjusts her g-string
to hide
the scar

sie zieht ihren Minislip zurecht
die Schramme
zu verstecken

chewing their gum
in rhythm
old couple

kauen ihre Kaugummis
im selben Rhythmus
altes Paar

a long day
the whore on the curb
sits

ein langer Tag
die Hure am Straßenrand
sitzt

waiting for a lady
all that comes
is rain

warten auf eine Frau
alles was kommt
ist Regen

this body of mine
part temple
part tavern

mein Körper
teils Tempel
teils Kneipe

after their war
in the sand
swinging on swings

nach ihrem Kampf
im Sand
auf Schaukeln schaukeln

another place
I've sinned
boarded-up hotel

ein weiterer Ort
an dem ich gesündigt habe
dicht gemachtes Hotel

poet's first date
he writes
an outline

erste Veröffentlichung des Dichters
er schreibt
einen Entwurf

surprises in the bedroom
she read
a magazine

Überraschungen im Schlafzimmer
sie liest
eine Zeitschrift

old pond
the pile of turtles
leans

alter Teich
der Stapel Schildkröten
neigt sich

garage sale
her white go-go boots
go

Flohmarkt
ihre weißen Go-go-Stiefel
gehen weg

Dante's first day
in hell
„This ain't right!"

Dantes erster Tag
in der Hölle
„Das ist nicht gerecht!"

Halloween night
the Goth kids
are Goth kids

Halloweenabend
die Goth Kids
sind Goth Kids

black pearls
in the backyard pool
mother frog was here

schwarze Perlen
im Gartenteich
Mutter Frosch war da

one of them
brings home a flower
ants

eine von ihnen
bringt eine Blume heim
Ameisen

swimming
to the techno beat
music club fish

schwimmen
zum Techno Beat
Fische im Musikklub

after the rumbling freight train
a quieter
quiet

nach dem rumpelnden Güterzug
ein ruhigerer
ruhig

my haiku walk
is a sit
Bourbon Street bar

mein Haiku-Spaziergang
ist eine Sitzung
Bourbon Straßenbar

the millionaire's back yard
the ducks'
front yard

der Garten des Millionärs
der Vorgarten
der Enten

to the flowers
I bequeath
my toenails

den Blumen
vererbe ich
meine Zehnägel

60

the bronze torso's
moving nipple
a snail

der sich bewegende Nippel
des Bronzetorsos
eine Schnecke

his back to the moon
Orion aims
at darkness

sein Rücken zum Mond
Orion zielt
im Dunkeln

I google
my earlier self
answers

ich google
meine eigenen früheren
Antworten

stretched out on the highway
without a care
farm dog

rekelt sich auf der Schnellstraße
gänzlich sorglos
Hofhund

flooded office
little white boats
of poetry

überschwemmtes Büro
kleine weiße Schiffe
der Poesie

close to my ear
my dentist's belly
sings

dicht an meinem Ohr
der Bauch meines Zahnarztes
singt

two steps
into the forest
nature calls

zwei Schritte
in den Wald
die Natur ruft

somewhere in the snowy pines
a crow
going crazy

irgendwo in den verschneiten Kiefern
eine Krähe
dreht durch

after the ship
is almost forgotten
the wake

nachdem das Schiff
fast vergessen war
das Erwachen

sunset posts
gull, gull, gull, gull
pelican

fünf Pfosten bei Sonnenuntergang
Möwe, Möwe, Möwe, Möwe
Pelikan

intimate dinner for two
they talk
on phones

intimes Dinner zu zweit
sie unterhalten sich
mit ihren Smartphones

a song I made
twenty years ago
my rainy day hum

ein Lied, das ich
vor zwanzig Jahren machte
mein Regentagsgesumm

cold DC morning
she jogs past façades
of democracy

kalter DC Morgen
sie joggt vorbei an alten Fassaden
der Demokratie

joining the orgy
on the computer screen
a moth

nimmt teil an der Orgie
auf dem Computerbildschirm
eine Motte

spring wind
the blind girl's hair
covers her face

Frühlingswind
das Haar des blinden Mädchens
bedeckt ihr Gesicht

the bush of Moses
burned
mine is chirping

der Busch von Moses
brannte
meiner zwitschert

her golden retriever
licks
the rapist

ihr Golden Retriever
leckt
den Vergewaltiger

his leash
in his mouth
the dog walks himself

seine Leine
im Maul
der Hund führt sich selbst aus

longest day
deleting the dead
from my phone

längster Tag
die Toten von der Telefonliste
streichen

a mouse in the airport
I tell
no one

eine Maus auf dem Flugplatz
ich verrate es
niemanden

her DNA evidence
still
on my lips

ihr DNS-Beweis
noch
auf meinen Lippen

where you poop
is an important decision
Chihuahua

wo du kackst
ist eine wichtige Entscheidung
Chihuahua

I drive her
to her abortion, a ladybug
on the windshield

ich fahre sie
zu ihrer Abtreibung, ein Marienkäfer
auf der Frontscheibe

when he reaches the square
the beggar
becomes lame

wenn er den Platz erreicht
wird der Bettler
lahm

a cat meows for love
I drink my way
to the olive

eine Katze miaut nach Liebe
ich trinke mich
zur Olive durch

old pond
popcorn falls into
the quacks

alter Teich
Popcorn fällt ins
Gequake

under the red army
monument
free love

unter dem Denkmal
der Roten Armee
freie Liebe

raiding the monkey's food
freeborn
rats

fallen über das Futter der Affen her
in Freiheit geborene
Ratten

enjoying
the primate exhibit
two elephants

erfreuen sich an
der Primatenausstellung
zwei Elefanten

new to the beach
her jellyfish
is a condom

neu am Strand
ihre Qualle
ein Kondom

my ferret's memorial
musk-scented
pillow

zum Gedenken an mein Frettchen
nach Moschus riechendes
Kissen

in the half-moon's honor
half
drunk

zu Ehren des Halbmonds
halb
betrunken

rough seas
reading *Moby Dick*
in the bathtub

raue See
Moby Dick lesen
in der Badewanne

his mother in the hospital
I'll pray for her
I lie

seine Mutter im Krankenhaus
ich bete für sie
ich lüge

the dentist drills
into bone
cicadas

der Zahnarzt bohrt
in den Knochen
Zikaden

naughty altar boys
guzzle
the blood

freche Messdiener
schlürfen
das Blut

deep in the haunted garden
a child's
rubber ball

tief im verwunschenen Garten
der Gummiball
eines Kindes

the hate
on Facebook unrelenting
moonlit run

der Hass
auf Facebook ist erbarmungslos
joggen im Mondschein

American eclipse
the sun's long black
shadow

amerikanische Sonnenfinsternis
der lange schwarze Schatten
der Sonne

mountaintop vista
young people gazing
at phones

Aussicht auf der Bergspitze
die jungen Leute starren
aufs Smartphone

so many blossoms!
this spaceship
we were born on

so viele Blüten!
das Raumschiff
auf dem wir geboren wurden

have a nice day!
Bulgarian practice
with the toilet lady

hab einen schönen Tag!
Bulgarisch-Übung
mit der Klofrau

pink rollerblades
why can't I
be fearless?

rosa Inlineskates
warum kann ich nicht
mutig sein?

last day of June
the condom in my wallet
has expired

letzter Tag im Juni
vom Kondom im Portemonnaie
Haltbarkeitsdatum abgelaufen

matador down
they don't give the bull
his ear

der Stierkämpfer verliert
sie geben dem Bullen
nicht sein Ohr

first shower
we follow the glide
of soap

erste Dusche
wir folgen dem Gleiten
der Seife

autumn day
backing up my heart
on Google

Herbsttag
mein Herz stärken
bei Google

my spring
a selfie
with a mannequin

mein Frühling
ein Selfie
mit einem Mannequin

crippled roach
a child's shriek
ends you

verkrüppelter Kakerlak
der Schrei eines Kindes
endet dein Leben

Über den Autor

David G. Lanoue ist Professor für englische Sprache an der Xavier University of Louisiana in den USA. Er ist Mitbegründer der *Haiku-Gesellschaft New Orleans,* außerordentliches Mitglied der *Haiku Foundation* und ehemaliger Präsident der *Haiku Society of America.*

Er veröffentlichte unter anderem:

Übersetzungen: *Cup-of-Tea Poems; Selected Haiku of Kobayashi Issa, The Distant Mountain: The Life and Haiku of Kobayashi Issa;*

Kritiken: *Pure Land* Issa's *Best: A Translator's Selection of Master Haiku Haiku: The Art of Priest Issa, Issa and the Meaning of Animals: A Buddhist Poet's Perspective* und *Issa and Being Human: Haiku Portraits of Early Modern Japan;*

Haiku-Romane: *Haiku Guy, Laughing Buddha, Haiku Wars, Frog Poet* und *Dewdrop World;*

Haiku-Ratgeber: *Write like Issa.*

Einige seiner Bücher sind auf Französisch, Deutsch, Spanisch, Bulgarisch, Serbisch und Japanisch erschienen. Er betreibt die Website *The Haiku of Kobayashi Issa,* für die er 10.000 Haiku von Issa übersetzt hat.

Hinweise zu Veröffentlichungen

Einige der in diesem Buch veröffentlichten Haiku erschienen zuerst in „*Bottle Rockets* (USA), *Cordite Poetry Review* (Australia), *Dandelion Wind*: *An Anthology* (USA), *Free Hugs to Strangers: Haiku Anthology* (Bulgaria), *Frogpond* (USA), H*aiku Page* (USA), Haiku Svyat (Bulgaria), Haiku: *The Art of the Short Poem* (USA), *The Heron's Nest, Into Our Words: An Anthology* (USA), *Jointure* (France), *Mayfly* (USA), *Modern Haiku* (USA), *Moonset* (USA), *Presence* (England), *The Road: World Haiku* (Bulgaria), *Senryu Therapy: American-Romanian Anthology* (USA/Romania) und *Una señal que indica dos rutas* (Colombia).